Impressum
Verlag: BABADADA GmbH, Nedderfeld 112 , 22529 Hamburg
Geschäftsführer / Verlagsleitung: Harald Hof
Druck: Books on Demand GmbH, In de Tarpen 42, 22848 Norderstedt

Imprint
Publisher: BABADADA GmbH, Nedderfeld 112 , 22529 Hamburg, Germany
Managing Director / Publishing direction: Harald Hof
Print: Books on Demand GmbH, In de Tarpen 42, 22848 Norderstedt, Germany

sekolah

ቤት-ትምህርቲ

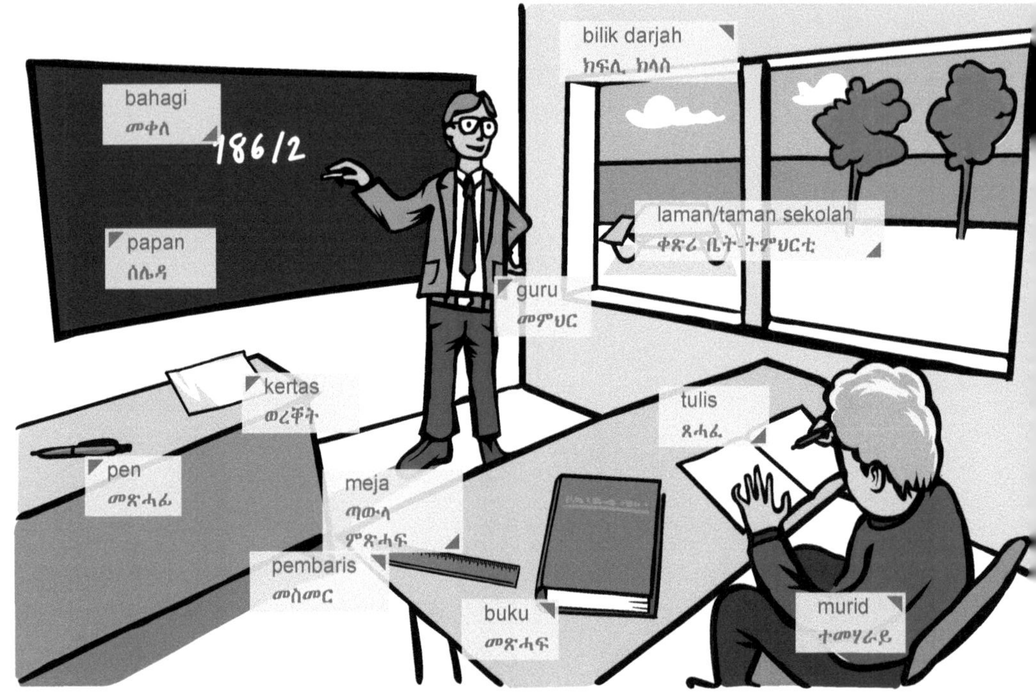
bilik darjah
ክፍሊ ክላስ
bahagi
መቀለ
186/2
papan
ሰሌዳ
laman/taman sekolah
ቀጽሪ ቤት-ትምህርቲ
guru
መምህር
kertas
ወረቐት
tulis
ጸሓፈ
pen
መጽሓፊ
meja
ጣውላ
ምጽሓፍ
pembaris
መስመር
buku
መጽሓፍ
murid
ተመሃራይ

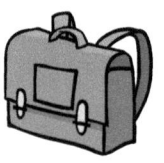

beg galas

ሳንጣ ትምህርቲ

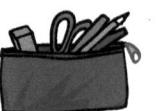

kotak pensel

ሰፈር ብርዒ

pensel

ርሳስ

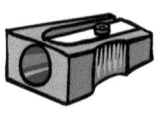

pengasah pensel

መብልሒ ርሳስ

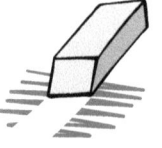

pemadam

መደምሰሲ

kertas lukisan

ጥራዝ ስእሊ

melukis

ስእሊ

berus lukis

ብርሺ ቀለም

kotak warna

ቦክስ ቀለም

gunting

መቐስ

gam

መጣበቒ

buku latihan

ጥራዝ መላመዲ

kerja rumah

ዕዮ ገዛ

12

nombor

ቁጽሪ

2+2

tambah

መስኸ

5-2

tolak

ጎደለ

2×2

darab

ረብሐ

kira

ደመረ

A

huruf

ፊደል

ABCDEFG
HIJKLMN
OPQRSTU
VWXYZ

abjad

ስርዓት ፊደላት

hello

kata

ቃል

teks

ጽሑፍ

baca

አንበበ

kapur

ኩርሽ

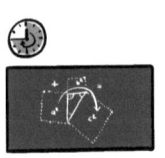

pelajaran

ሰዓት

daftar

መዝገብ ክላስ

peperiksaan

መርመራ

sijil

ሰርቲፊከት

uniform sekolah

ድቢዛ ቤትትምህርቲ

pendidikan

ትምህርቲ

ensiklopedia

ለክሲኮን

universiti

ዩኒቨርሲቲ

mikroskop

ሚክሮስኮፕ

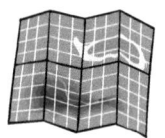

peta

ካርታ

bakul sampah

ጎሓፍ ወረቐት

berjalan
መገሻ

hotel
መቐበሊ ኣጋይሽ
Grand
asrama
ሆስተል
ROOMS
pejabat tukaran mata wang
ቦታ ቅያር ገንዘብ
CHANGE
beg pakaian
ባሊጃ
kereta
መኪና

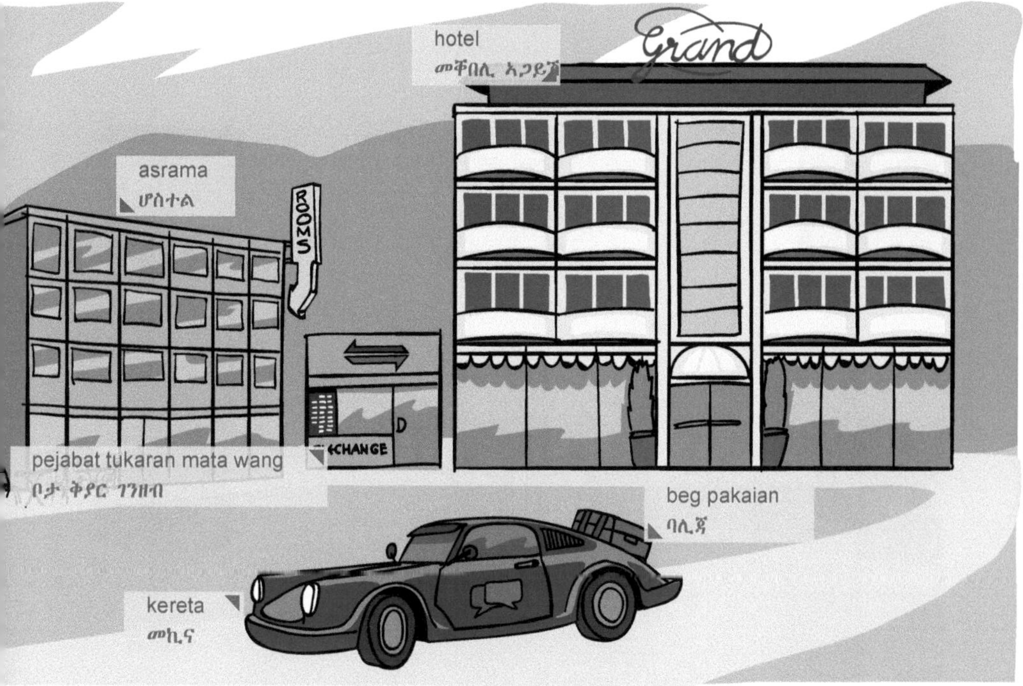

bahasa
....
ቋንቋ

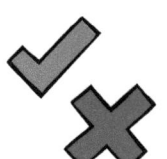

ya / tidak
....
እወ / ኖ

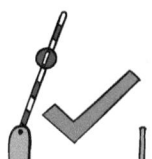

okey
....
ሕራይ

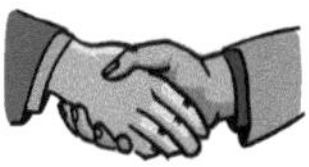

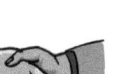

helo
....
ሰላም

penterjemah
....
ኣስተርጓሚ

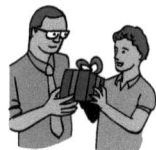

Terima kasih
....
የቐንየለይ

berapa banyak...?

. . . ክንደይ ዋግኡ?

saya tidak faham

አይተረድአኹን

masalah

ሽግር

Selamat petang!

ሰላም ምሽት!

Selamat Pagi!

ከመይ ሓዲርካ

Selamat Malam!

ሰላም ለይቲ

selamat tinggal

ደሓን ኩን

arah

አንፈት

bagasi

ጉዓዝ

beg

ሳንጣ

beg galas

ሳንጣ ሕቖ

tetamu

ጋሻ

bilik tidur

ክፍሊ

beg tidur

ክሻ መደቀሲ

khemah

ቴንዳ

maklumat pelancong

ሓበሬታ በጻሕቲ ሃገር

pantai

ገምገም ባሕሪ

kad kredit

ክሪዲት ካርድ

sarapan

ቁርሲ

makan tengah hari

ምሳሕ

makan malam

ድራር

tiket

ቲከት

lif

ሊፍት

setem

ማሕተም ደብዳበ

sempadan

ዶብ

kastam

ድንና

kedutaan

ኣምበሲ

visa

ቪዛ

pasport

ፓስፖርት

pengangkutan

መጓዓዝያ

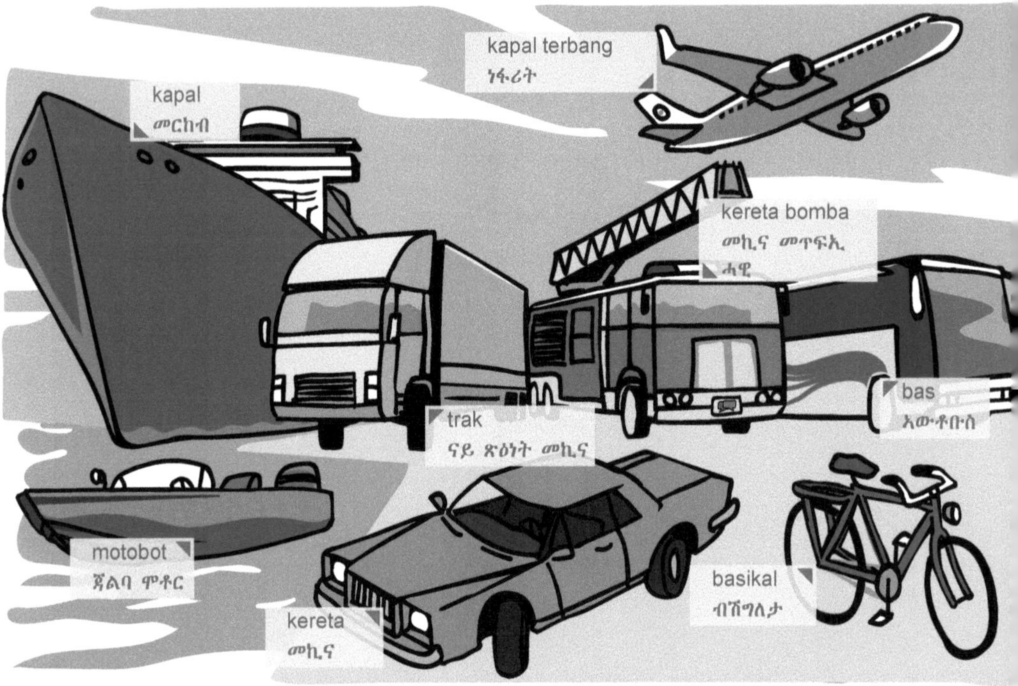

kapal terbang
ነፋሪት
kapal
መርከብ
kereta bomba
መኪና መጥፍኢ ሓዊ
trak
ናይ ጽዕነት መኪና
bas
ኣውቶቡስ
motobot
ጀልባ ሞቶር
kereta
መኪና
basikal
ብሽግለታ

feri

ፈሪ

bot

ጀልባ

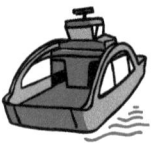

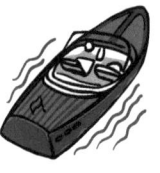

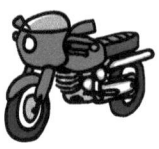

motosikal

ሞቶ

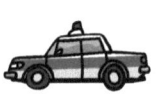

kereta polis

መኪና ፖሊስ

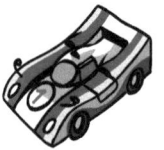

kereta lumba

መኪና ቅድድም

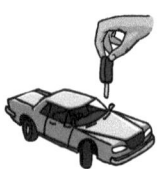

kereta sewa

ክራይ መኪና

berkongsi kereta

ምውፋይ መካይን

trak tunda

መወሰዲ መኪና

trak menolak

መኪና ጎሓፍ

motor

ሞቶር

bahan api

ነዳዲ

stesen minyak

እንዳ ነዳዲ

tanda trafik

ምልክት ትራፊክ

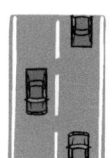

trafik

ትራፊክ

kesesakan lalu lintas

ምጭቅጫቅ ትራፊክ

tempat parkir

መዐሸጊ መኪና

stesen kereta api

መዕረፊ ባቡር

trek

ሓዲግ

kereta api

ባቡር

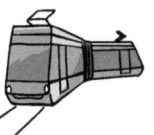

trem

ትረም

gerabak

ባጎኒ

helikopter

ሄሊኮፕተር

lapangan terbang

መዓረፈ ነፈርቲ

Menara

ታወር

penumpang

ተጓዓዢ

bekas

ኮንተይነር

kadbod

ሳንዱቅ ካርቶን

kart

ኮርሳ ጽዕነት

bakul

ዘንቢል

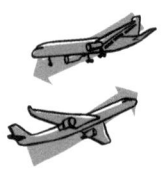

berlepas / mendarat

ተበገሰ / ዓለበ

bandar

ከተማ

kampung

ቁሸት

pusat bandar

ማእከል ከተማ

rumah

ገዛ

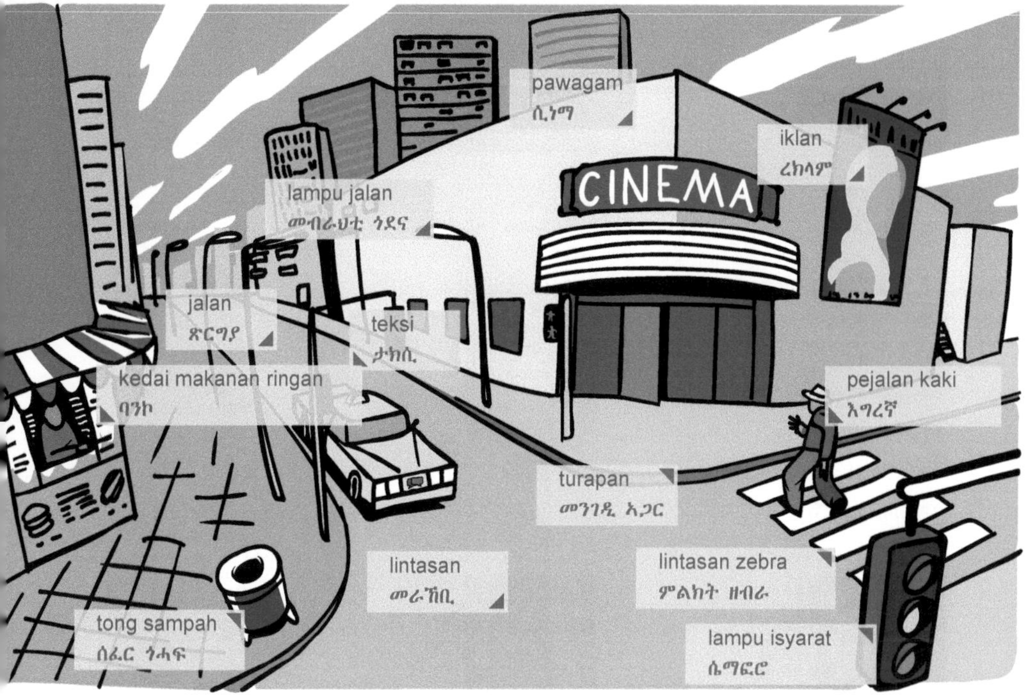

Scene labels

pawagam
ሲኔማ

iklan
ረክላም

lampu jalan
መብራት-ህቲ ጎደና

jalan
ጽርግያ

teksi
ታክሲ

kedai makanan ringan
ባንኮ

pejalan kaki
እግረኛ

turapan
መንገዲ አጋር

lintasan
መራኸቢ

lintasan zebra
ምልክት ዘብራ

tong sampah
ሰፈር ጎሓፍ

lampu isyarat
ሴማፎር

pondok

አጎዶ

flat

አፓርትመንት

stesen kereta api

መዕረፊ ባቡር

dewan bandar

ቤት ምምሕዳር

muzium

ቤተ መዘክር

sekolah

ቤት-ትምህርቲ

universiti

ዩኒቨርሲቲ

bank

ባንክ

hospital

ሆስፒታል

hotel

መቋበሊ አጋይሽ

farmasi

ቤት መድሃኒት

pejabat

ቤት ጽሕፈት

kedai buku

ዱኳን መጽሓፍቲ

kedai

ዱኳን

kedai bunga

ዱኳን ዕንባባ

pasar raya

ሱፐርማርክት

pasaran

ዕዳጋ

gedung

ሹቆ

penjual ikan

ነጋዶይ ዓሳ

pusat membeli-belah

ሹቆ

pelabuhan

መርሳ

taman

መዘናግዒ

bangku

ባንኪ

jambatan

ድልድል

tangga

መደያይቦ

bawah tanah

ባቡር ትሕቲ ምድሪ

terowong

ቢንቶ

hentian bas

መዕረፊ አውቶቡስ

bar

ቤት መስተ

restoran

ቤት-መግቢ

peti surat

ሰታሪት

papan tanda jalan

ታቤላ

meter parkir

ሰዓት ፓርኪንግ

zoo

መካነ እንስሳታት

kolam renang

መሓምበሲ

masjid

መስጊድ

ladang

ቤት ሕርሻ

pencemaran

ብከላ

tanah perkuburan

መቓብር

gereja

ቤተክርስትያን

taman permainan

ቦታ ምጽዋት

kuil

ቤት መቕደስ

landskap

ስእሊ መሬት

daun
ኣቝጽልቲ

tiang tanda
መሕበሪ መገዲ

jalan
መገዲ

padang rumput
ሸኻ

batu
እምኒ

pokok
ኣግራብ

pejalan kaki
ኮብላሊ

sungai
ፈለግ

rumput
ሳዕሪ

bunga
ዕንባባ

lembah

ስንጭሮ

bukit

ጎቦ

tasik

ቀላይ

hutan

ዱር

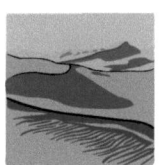

padang pasir

ምድረ በዳ

gunung berapi

እሳተ-ጎመራ

istana

ግምቢ

pelangi

ቀስተ-ደመና

cendawan

ቃንጥሻ

pokok kelapa sawit

ዓርኮብኮይ

nyamuk

ጣንጡ

terbang

ሃመማ

semut

ጻጻ

lebah

ንህቢ

labah-labah

ሳሬት

kumbang

ሕንዚዝ

katak

ዕንቍርያብ

tupai

ምጽጹላይ

landak

ቅንፍዝ

arnab

ማንቲለ

burung hantu

ጉንጓ

burung

ጭሩ

angsa

ስዋን

babi jantan

መፍለስ

rusa

ዓጋዘን

moose

ሙስ

empangan

ግድብ

turbin angin

ተርባይን ንፋስ

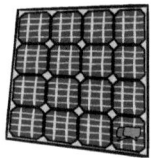

panel solar

ሶላር ስርሓት

iklim

ኩነታት ኣየር

pelayan
አሰላፊ

menu
ካርታ
መግብታት

kerusi
መንበር

sup
መረቕ

piza
ፒትሳ

alas meja
ክዳን ጣውላ

kutleri
መመታተሪ

pemula
ቅድመ ቀንዲ መግቢ

hidangan utama
ቀንዲ መኣዲ

pencuci mulut
ድሕሪ መግቢ

minuman
መስተ

makanan
መግቢ

botol
ጥርሙዝ

makanan segera

ስሉጥ መግቢ.

makanan jalanan

መግቢ. ጽርግያ

teko

ብርጭቆ ሻሂ

mangkuk gula

ታኒካ ሽኮር

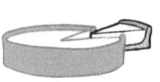

bahagian

ክፋል

mesin espreso

ማሺን ኤስፐረሶ

kerusi tinggi

ነዊሕ መንበር

bil

ጸብጻብ

dulang

ታብለት

pisau

ካራ

garfu

ፉርከታ

sudu

ማንካ

sudu teh

ማንካ ሻሂ

serviette

ሰርቪየተ

gelas

ብኬሪ

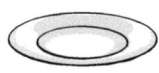

pinggan

ሸሓኒ

mangkuk sup

ሸሓኒ መረቅ

piring

ትሕቲ ኩባያ

sos

ጸብሒ

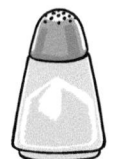

tempat garam

ወዛቢ ጨው

pengisar lada

መጥሓን በርበረ

cuka

አቾቶ

minyak

ዘይቲ

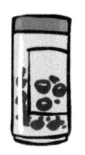

rempah

ቀመም

sos

ከቻፕ

mustard

አድሪ

mayones

ማዮኔዝ

tawaran istimewa
ወፈያ

pelanggan
ዓሚል

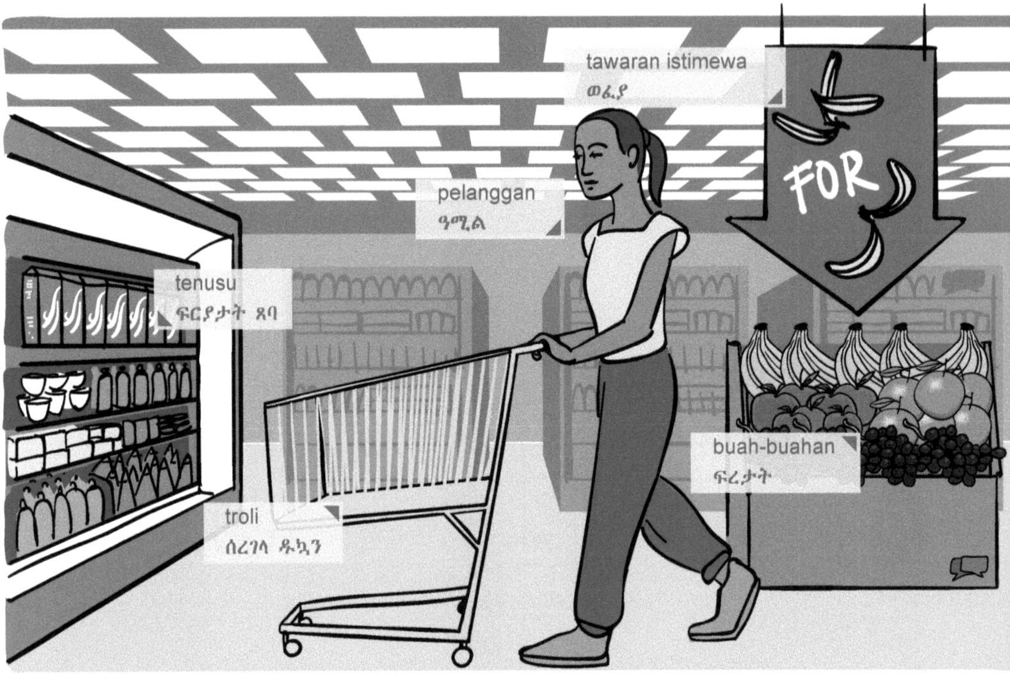

tenusu
ፍርያታት ጸባ

troli
ሰረገላ ዱኳን

buah-buahan
ፍረታት

FOR

tukang daging	kedai roti	berat
እንዳ ስጋ	እንዳ ባኒ	ክብደት
	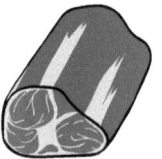	
sayur-sayuran	daging	makanan sejuk beku
ኣሕምልቲ	ስጋ	መግቢ ፍሪጅ በረድ

daging sejuk

ዝሑል ቅሩብ መግቢ

makanan dalam tin

እስታጣላ

serbuk pencuci

አሞ

gula-gula

ምቁር መግቢ

produk isi rumah

ዘቤታውያን አቅሑ

produk pembersihan

ናውቲ መጸረዪ

orang jualan

ሸቃጣይ

daftar tunai

ካሳ

juruwang

ተሓዝ ገንዘብ

senarai membeli-belah

ዝርዝር ምግዛእ

waktu pembukaan

ክፉት ሰዓታት

beg duit

ማሕፉዳ

kad kredit

ክሬዲት ካርድ

beg

ሳንጣ

beg plastik

ፌስታል

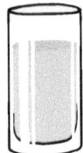

air

ማይ

jus

ጽማቍ

susu

ጸባ

kola

ኮላ

wain

ነቢት

bir

ቢራ

alkohol

ኣልኮል

koko

ካካው

the

ሻሂ

kopi

ቡን

espreso

ኤስፕረሶ

kapucino

ካፑቺኖ

pisang

ባናና

epal

ቱፋሕ

oren

አራንቺ

tembikai

ብርጭቆ

lemon

ለሚን

lobak merah

ካሮት

bawang putih

ጻዕዳ ሽጉርቲ

buluh

ባምቡስ

bawang

ሽጉርቲ

cendawan

ቅንጦሻ

kacang

ፉል

mi

ፓስታ

spageti

ስፓገቲ

nasi

ሩዝ

salad

ሰላጣ

kerepek

ቅልዋ ድንሽ

kentang goreng

ቅሉው ድንሽ

piza

ፒትሳ

hamburger

ሃምቡርገር

sandwic

ፓኒኖ

kutlet

ቢስተካ

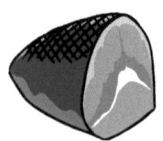

ham

ሰለፍ ሓሰማ

salami

ሳላሚ

sosej

ግዕዝም

ayam

ደርሆ

panggang

ቆለወ

ikan

ዓሳ

bubur oat

ገዓት

muesli

ሙስሊ

emping jagung

ኮርንፍለይክስ

tepung

ሐርጭ

kroisan

ክሮሶን

roti roll

ባኒ

roti

ባኒ

roti bakar

ቶስት

biskut

ብሽኮቲ

mentega

ጠስሚ

dadih

ርጎኦ

kek

ፓስተ

telur

እንቋቍሖ

telur goreng

ቅሉው እንቋቍሖ

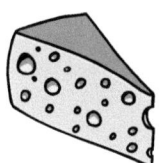

keju

ፋርማጆ

ais krim

አይስ ክሪም

gula

ሽኩር

madu

መዓር

jem

ጀም

krim nougat

ኑጋት-ክሪም

kari

ኩሪ

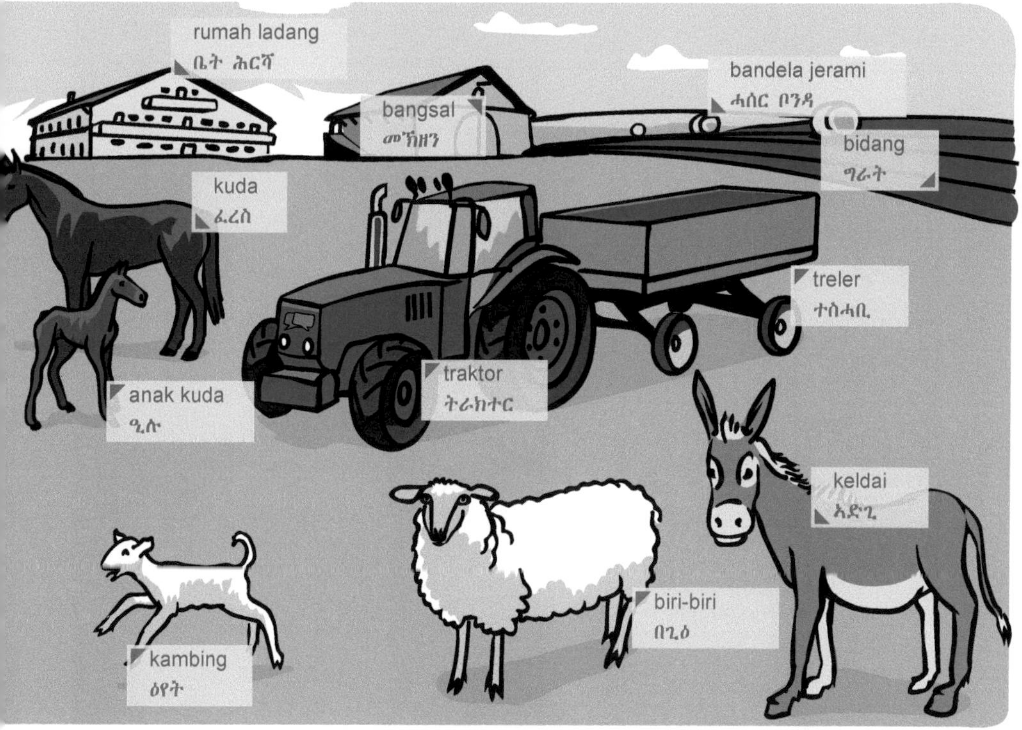

rumah ladang
ቤት ሕርሻ

bangsal
መኽዘን

bandela jerami
ሓሰር ቦንዳ

bidang
ግራት

kuda
ፈረስ

treler
ተስሓቢ

anak kuda
ዒሎ

traktor
ትራክተር

keldai
አድጊ

kambing
ዕየት

biri-biri
በጊዕ

kambing

ጤል

lembu

ብዕራይ

anak lembu

ምራኽ

babi

ሓሰማ

anak babi

ውላድ ሓሰማ

lembu

ኣርሒ

angsa

ዓሳ

itik

ማይ ደርሆ

anak ayam

ጫቑት

ayam betina

ደርሆ

ayam jantan muda

ኣርሓ ደርሆ

tikus

ኣንጨዋ ዓባይ

kucing

ድሙ

tikus

ኣንጭዋ

lembu jantan

ብዕራይ

anjing

ከልቢ

rumah anjing

ኣጉዶ ከልቢ

hos taman

ቱባ ጆርዲን

bekas siraman

መዝፈሪ ማይ

sabit

ዓቢ ማዕጺድ

bajak

ማሕረሻ

sabit

ማዕጺድ

cangkul

ጭኳር

serampang peladang

መስአ

kapak

ፋስ

kereta sorong

ዓረብያ ኢድ

palung

ጋብላ

tin susu

ብርጭቆ ጸባ

karung

ከሻ

pagar

ሓጹር

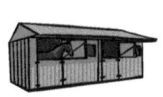

stabil

መንሰስ

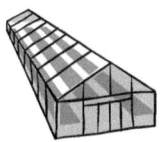

rumah hijau

ቆጠልያ ገዛ

tanah

ባይታ

benih

ዘርኢ

baja

ድኹዒ

jentuai

ዘጣምር ቀውዓይ

tuai

ቀውዕ

menuai

ጸማ

keladi

ድንሽ ያም

gandum

ስርናይ

soya

ሶያ

kentang

ድንሽ

jagung

ዕፉን

biji sawi

ራፕስ

pokok buah-buahan

ገረብ ፍረታት

ubi kayu

ማኒኦክ

bijirin

አእኻል

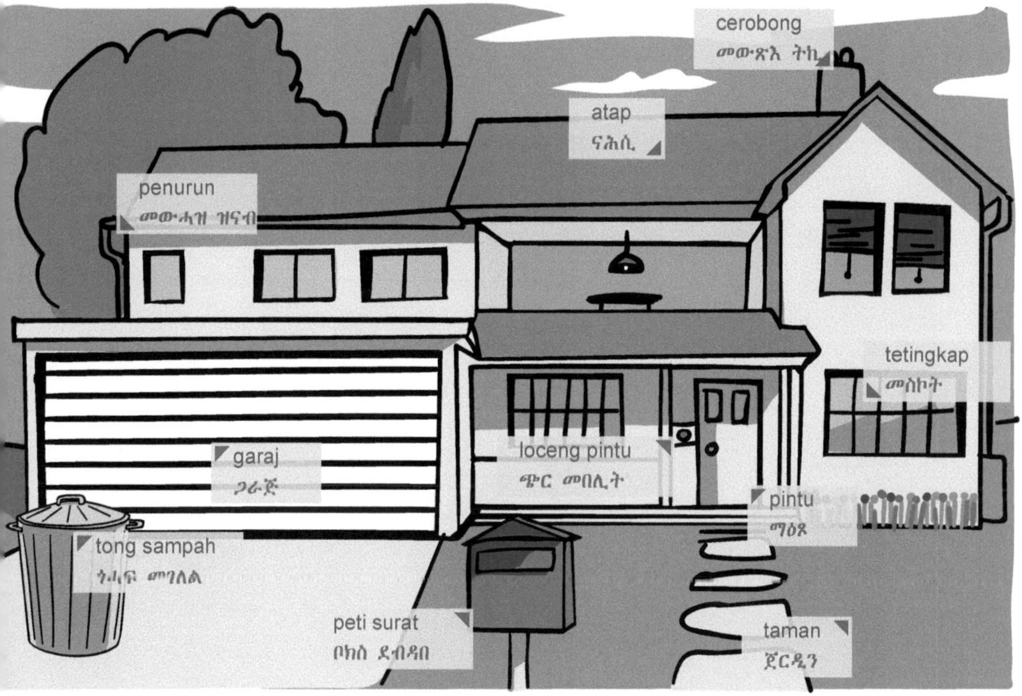

cerobong
መውጽእ ትኪ

atap
ናሕሲ

penurun
መውሓዝ ዝናብ

tetingkap
መስኮት

garaj
ጋራጅ

loceng pintu
ጭር መበሊት

pintu
ማዕፆ

tong sampah
ጎሓፍ መግለል

peti surat
ቦክስ ደብዳበ

taman
ጅርዲን

ruang tamu

ክፍሊ ምቕማጥ

bilik air

ክፍሊ ባንዮ

dapur

ክሽነ

bilik tidur

ክፍሊ መደቀሲ

bilik kanak-kanak

ክፍሊ ቆልዑ

ruang makan

መመገቢ ክፍሊ

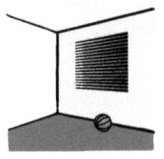

lantai

ባይታ

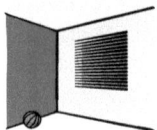

dinding

መንደቅ

siling

ከበርታ

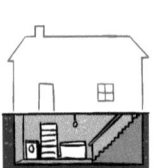

bilik bawah tanah

ካንቲና

sauna

ሳውና

balkoni

ባልኮን

teres

ዛላ

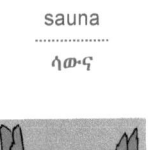

kolam renang

መሕምበሲ

pemotong rumput

መቁረጺ ሳዕሪ

lembaran

አንሶላ ዓራት

penutup tilam

ከበርታ ዓራት

katil

ዓራት

penyapu

መኹስተር

timba

መገለል

suis

መወልዒት

ruang tamu

ክፍሊ ምቕማጥ

kertas dinding
ወረቐት መንደቕ
gambar
ስእሊ
lampu
ላምፓ
rak
ከብሒ
kabinet
ከብሒ
televisyen
ተለቪዥን
pendiangan
መውጽኢ ትኪ ኣብ ገዛ
bunga
ዕንባባ
kusyen
መተርኣስ
sofa
ሳሎን
pasu
ባዞ
alat kawalan jauh
ሪሞት

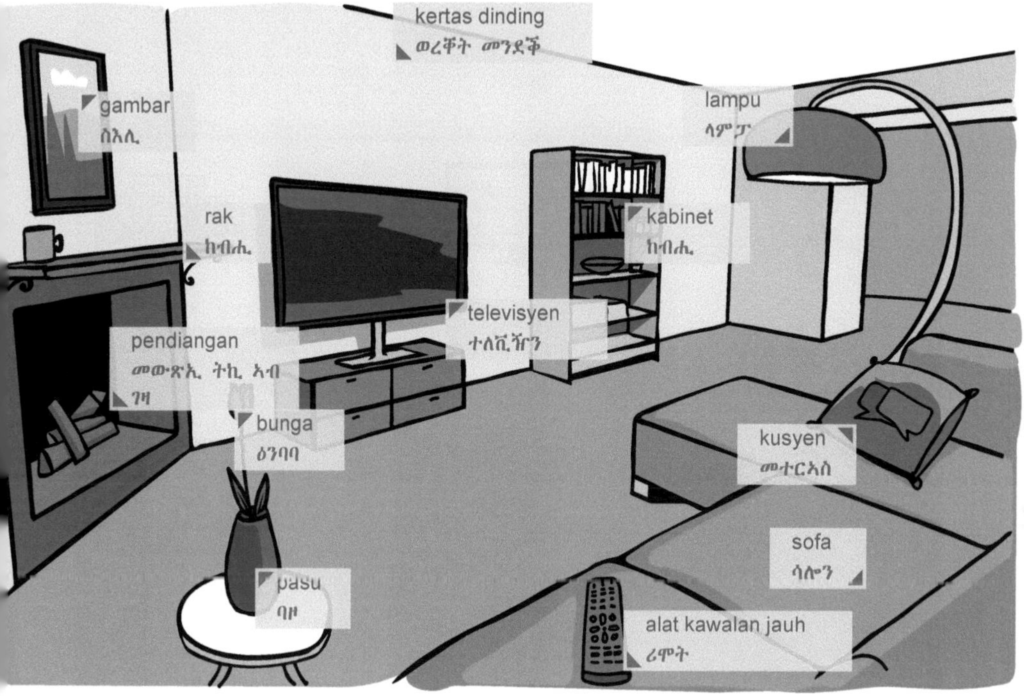

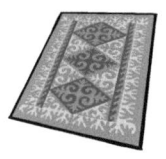

permaidani

መንጸፍ

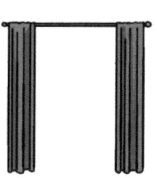

tirai

መጋረጃ

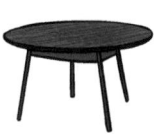

meja

ጣውላ

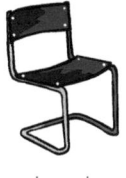

kerusi

መንበር

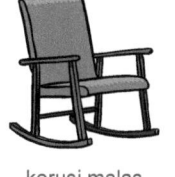

kerusi malas

ሰለል ዝብል መንበር

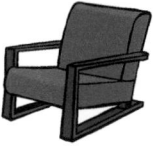

kerusi

መንበር ምቹእ

buku

መጽሐፍ

selimut

ከቦርታ

hiasan

ስልማት

kayu api

እንጨይቲ ሓዊ

filem

ፊልም

hi-fi

ስተረዮ

kunci

መፍትሕ

akhbar

ጋዜጣ

lukisan

ቅብኣ

poster

ፖስተር

radio

ሬድዮ

buku catatan

ጥራዝ

penyedut habuk

መልገሲ ደርና

kaktus

በለስ

lilin

ሽምዓ

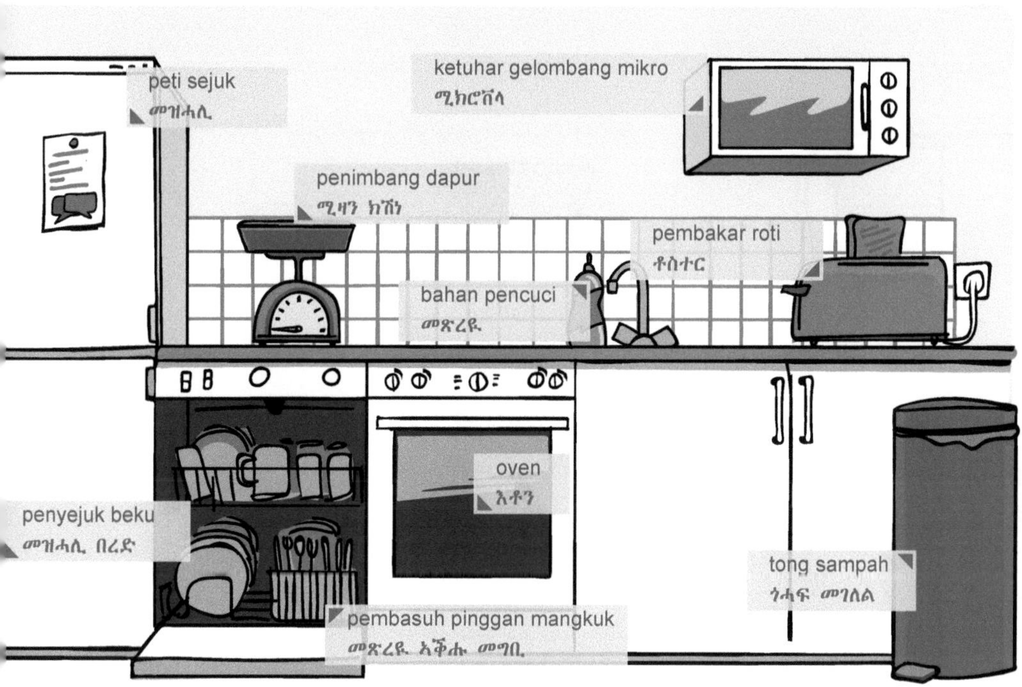

peti sejuk
መዝሓሊ

ketuhar gelombang mikro
ሚክሮቨላ

penimbang dapur
ሚዛን ክሽን

pembakar roti
ቶስተር

bahan pencuci
መጽረዪ

penyejuk beku
መዝሓሊ በረድ

oven
እቶን

tong sampah
ጐሓፍ መግለል

pembasuh pinggan mangkuk
መጽረዪ ኣቕሓ መግቢ

periuk dapur	periuk	periuk besi
መኽሸኒ	ድስቲ	ድስቲ ሓጺን

kuali	pan	cerek
ቦክ/ካዳይ	ባደላ	መውዓዪ ማይ

pengukus

መፍልሒ

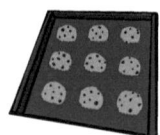

dulang pembakar

ጎንቴራ ምስንካት

pinggan mangkuk

ኣቕሑ መግቢ

koleh

ብርጭቆ

mangkuk

ጭሓሎ

penyepit

ማንካቺና

senduk

ማንካ መረቕ

spatula

መገልበጢ ባደላ

pengadun

መኽስተር ውርጪ

penapis

መንፈት መግቢ

ayak

መንፈት

pemarut

መፋሕፋሒ

mortar

ሞርታር

barbeku

ባርቢክዩ

pembakaran terbuka

ስፍራ ሓዊ

papan pencincang

እንጨይቲ ምም ታር

pin golekan

እንጨይቲ ኩረC

skru gabus

መኽፈት ቡሽ

tin

ታኒካ

pembuka tin

መኽፈቲ ታኒካ

pemegang periuk

ጨርቂ ድስቲ

sinki

ቡምባ

berus

ኣስባስላ

span

ሰፍነግ

pengisar

ሓዋሲ ኣደባላቒ

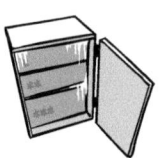

penyejuk beku

መዝሓሊ በረድ

botol bayi

ጥርሙዝ ማማይ

paip

ቡምባ ማይ

bilik air

ክፍሊ ባንዮ

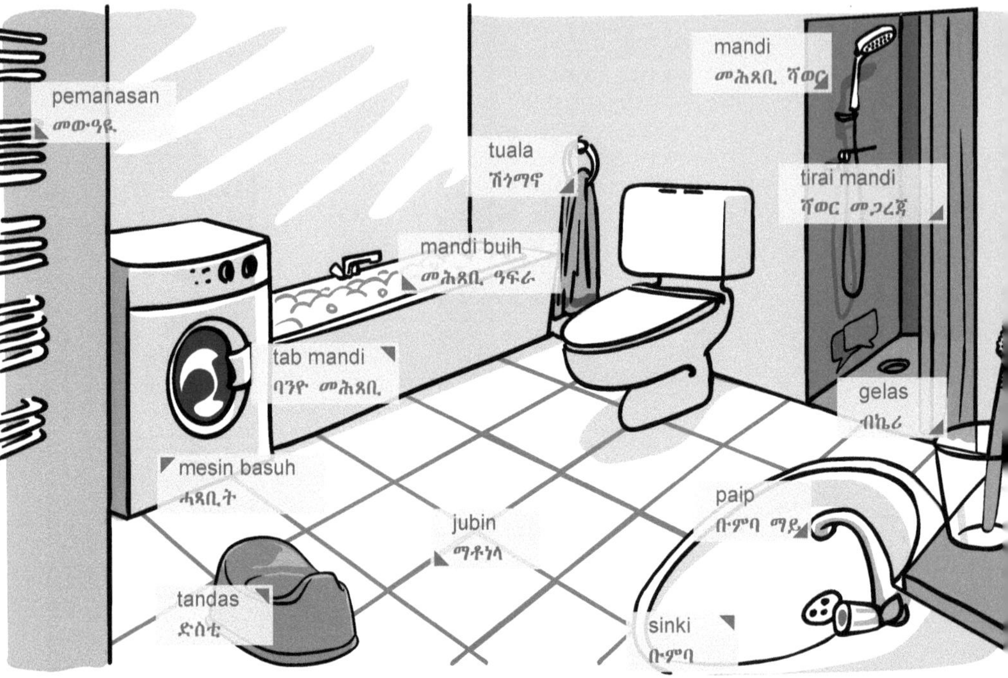

pemanasan
መውዓዩ
mandi
መሕጸቢ ሻወር
tuala
ሽጎማኖ
tirai mandi
ሻወር መጋረጃ
mandi buih
መሕጸቢ ዓፍራ
tab mandi
ባንዮ መሕጸቢ
mesin basuh
ሓጻቢት
gelas
ብኬሪ
paip
ቡምባ ማይ
jubin
ማቶነላ
tandas
ድስቲ
sinki
ቡምባ

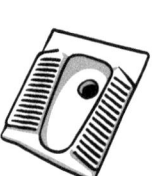

tandas

ሽቓቕ

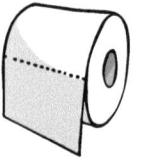

tandas mencangkung

ሽቓቕ ኮፍ

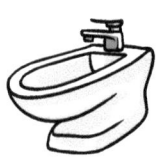

mangkuk tandas

በዴ

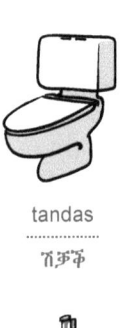

tandas awam

ሽቓቕ ተባዕታይ

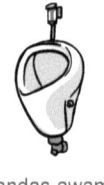

kertas tandas

ወረቐት ሽቓቕ

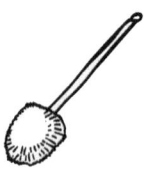

berus tandas

ኣስባስላ ሽቓቕ

berus gigi

አስባስላ ስኒ

ubat gigi

ክሬማ ስኒ

flos gigi

ሃሪ ስኒ

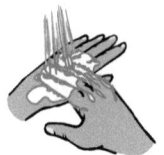

cuci

ሓጸበ

mandian tangan

ዱሽ ኢድ

pancuran

ዱሽ

besen

ብርጭቆ ምሕጻብ

belakang berus

አስባስላ ሕቆ

sabun

ሳምና

gel mandian

ሻወር ጀል

syampu

ሻምፑ

flanel

ጨርቂ መሕጸቢ

longkang

መውሓዚ

krim

ክሬማ

deodoran

ደዮ ጨና

cermin

መስትያት

cermin tangan

ናይ ኢድ መስትያት

pisau cukur

መላጸ

busa cukur

ዓፍራ ምልጻይ

selepas cukur

ጨና ድሕሪ ምልጻይ

sikat

መመሸጥ

berus

አስባስላ

pengering rambut

መንቆጺ ጸግሪ

semburan rambut

ስፕረይ ጸግሪ

mekap

መመላኽዒ

gincu

ብርዒ ቀለም ከንፈር

varnis kuku

አዝማልቶ

bulu kapas

ጸምሪ ጡጥ

gunting kuku

መስደዲ ጽፍሪ

pewangi

ጨና

beg basuhan

ሳንጣ መሕጸቢ.

bangku

ድኳ

skala berat

ሚዛን

jubah mandi

ክዳን መሕጸቢ.

sarung tangan getah

ጓንቲ መጸረዪ.

kapas

ታምፖን

tuala wanita

ጨርቂ ሰበይቲ

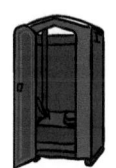

tandas kimia

ሽቓቕ ከሚስትሪ

bilik kanak-kanak

ክፍሊ ቆልዑ

jam loceng
ኣላርም መተስኢ
mainan kegemaran
መጻወቲ እንስሳ
kereta mainan
መጻወቲ መኪና
kerincing bayi
ኳሕኳሕ መበሊ
rumah anak patung
ቤት ባምቡላ
hadiah
ህያብ

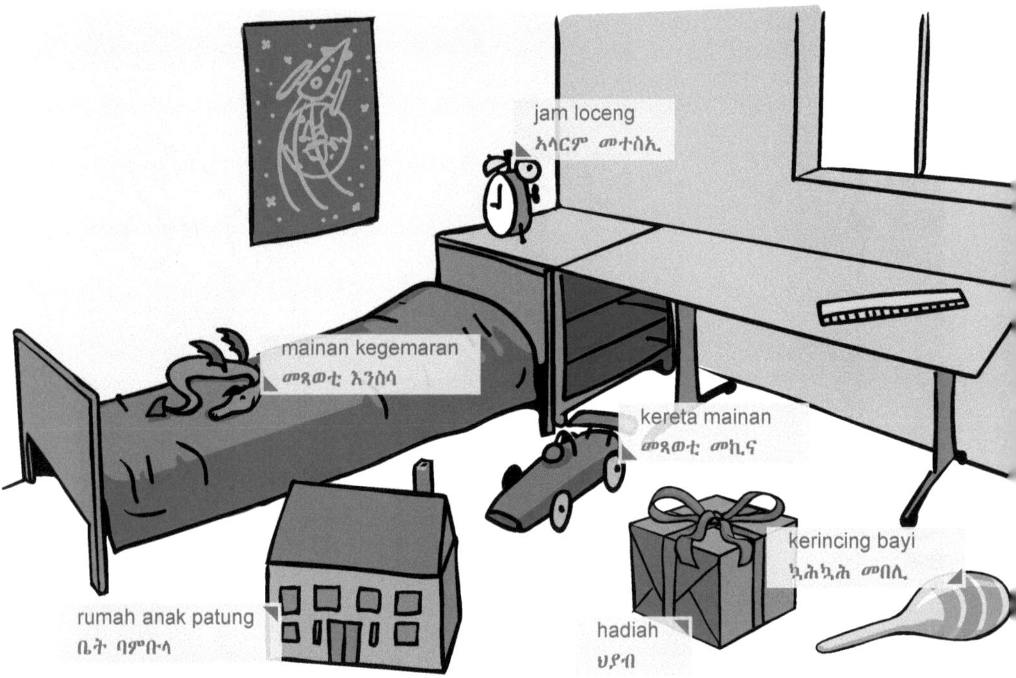

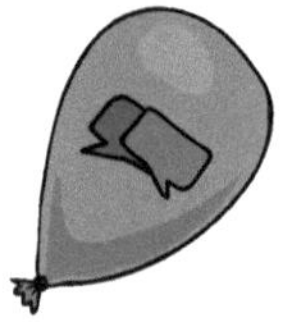

belon

ባላንችና

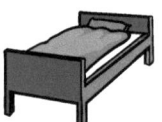

katil

ዓራት

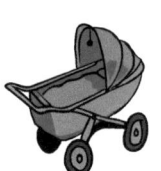

kereta sorong bayi

ሰረገላ ህጻን

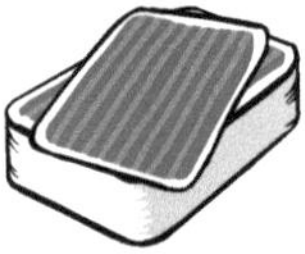

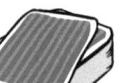

set kad

ጸወታ ካርታ

susun suai gambar

ሕንቅሊተይ

SUPER MEGA

komik

ኮሚዲ

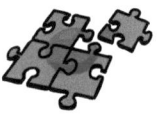

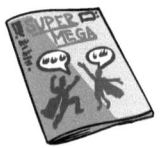

batu bata lego

እምንታት መጸወቲ ለጎ

blok mainan

መጸወቲ እምንታት

figura aksi

በዓል አክቸን

baju bayi

ክዳን ማማይ

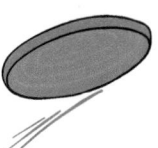

frisbee

ፍሪስቢ

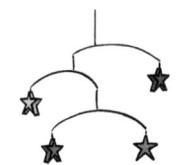

mainan bayi mudah alih

ሞባይል ማማይ

permainan papan

ጸወታ ሰሌዳ

dadu

ኩቦ

set model kereta api

ሞደል ባቡር ምድሪ

palsu

ዓባስ

parti

ፓርቲ

buku bergambar

መጽሓፍ ስእሊ

bola

ኩዕሶ

anak patung

ባምቡላ

main

ተጻወተ

lubang pasir

መጻወቲ ሑጻ

buai

ሰላል

mainan

መጻወቲታት

konsol permainan video

ኮንሶል ቪድዮ

basikal roda tiga

መጻወቲ ሰለስተ መንኮርኮር

anak patung beruang

ተዲ

almari pakaian

ከብሒ ክዳን

pakaian

ክዳን

stoking

ካልስታት

stoking

ነዊሕ ካልስታት

ketat

ስረ ካልሲ

skarf
ሻርባ

payung
ጃላል

kemeja-t
ማልያ

keselamatan

but
ረፋዕ

selipar
ጫማ ገዛ

kasut sukan
ስኒከርስ

sandal
ሽበጥ

kasut
ጫማ

but getah
ረፋዕ ጎማ

seluar dalam
ሙታንታ

coli
ክዳን ጡብ

ves
ትሕተ ካሚቻ

badan

ቦዲ

Seluar panjang

ስረ

jean

ጂንስ

skirt

ቀምሽ

blaus

ካምቻ

kemeja

ካሚቻ

baju panas sarung

ጉልፎ

sweater

ጎልፎ

blazer

ጃኬት

jaket

ጃከት

kot

ጁባ

baju hujan

ክዳን ዝናብ

kostum

ኮስቱም

pakaian

ቀምሽ

baju pengantin

ቀምሽ መርዓ

sut

ልብሲ.

baju tidur

ካሚቻ ለይቲ

baju tidur

ክዳን ለይቲ

sari

ሳሪ

skarf kepala

መሃረብ ርእሲ.

serban

ቱርባን

burqa

ቡርካ

kaftan

ካፍታን

abaya/jubah

አባያ

baju renang

ክዳን መሕምበሲ.

seluar renang

ስረ መሕምበሲ.

seluar pendek

ሓጺር ስረ

sut balapan

ክዳን ታዕሊም

apron

በኛ ክዳን

sarung tangan

ጓንቲ

butang

መልጎም

cermin mata

መነጽር

gelang tangan

በንናጅር

rantai leher

ማዕተብ

cincin

ቀለበት

subang

ኩትሻ

topi

ቆብዕ

penyangkut kot

መንበሪ ጀባ

topi

ባርኔጣ

tali leher

ካራሾት

zip

ሻርኔጣ

topi keledar

ሀልመት

pendakap

መድልደል ስሬ

uniform sekolah

ድቢዛ ቤትትምህርቲ

seragam

ድቢዛ

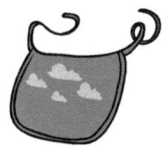

lapik dada

ሰደርያ ቆልዓ

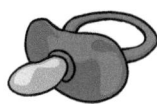

palsu

ዓባስ

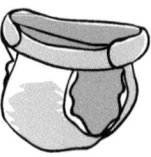

lampin

ጨርቂ ማማይ

pejabat

ቤት ጽሕፈት

pelayan
ሰርቨር
kabinet fail
ከብሒ ሰነድ
kertas
ወረቐት
mesin pencetak
ፕሪንተር
monitor
ሞኒቶር
tetikus
ኣንጭዋ
meja
ጣውላ
ምጽሓፍ
folder
ሓቓፊ
papan kekunci
ኪቦርድ
bakul sampah
ጎሓፍ ወረቐት
komputer
ኮምፒተር
kerusi
መንበር

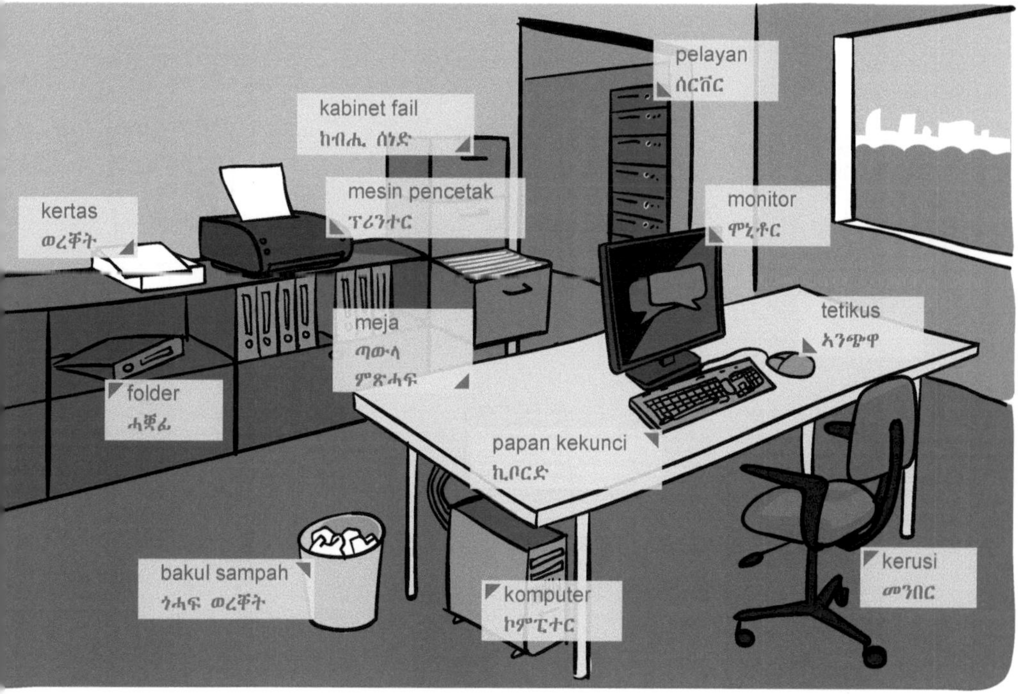

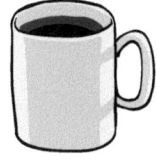

cawan kopi

ብርጭቆ ቡን

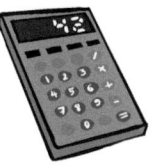

kalkulator

ካልኩለተር

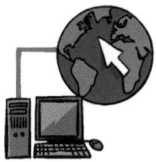

internet

ኢንተርነት

komputer riba

ለፕቶፕ

surat

ደብዳበ

mesej

መልእኽቲ

mudah alih

ሞባይል

rangkaian

ነትወርክ/መርበብ

mesin fotokopi

መቅድሒ ፎቶኮፒ

perisian

ሶፍትዌር

telefon

ተለፎን

soket plag

ሶከት ኣረንቲ

mesin faks

ፋክስ

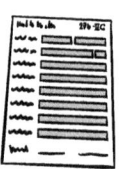

bentuk

ፎርም

dokumen

ሰነድ

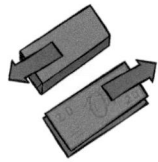

beli

ገዝአ

bayar

ከፈለ

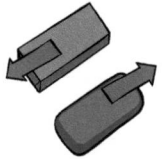

berdagang

ንግዲ

wang

ገንዘብ

dolar

ዶላር

euro

ኦይሮ

yen

የን

rubel

ሩብል

franc swiss

ስዊዝ ፍራንከን

renminbi yuan

ረንሚንቢ ዩዋን

rupee

ሩፕየ

mata tunai

መውጽኢ ማሺን ገንዘብ

pejabat tukaran mata wang

ቦታ ቅያር ገንዘብ

emas

መርቂ

perak

ብሩር

minyak

ዘይቲ

tenaga

ሓይሊ

harga

ዋጋ

kontrak

ውዕል

cukai

ቀረጽ

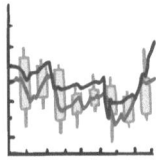

stok

እኩብ ጥሪ-ነገራት

kerja

ሰርሓ

pekerja

ሰራሕተኛ

majikan

ኣስራሒ

kilang

ትካል

kedai

ዱካን

pegawai polis
በዓል ፖሊስ

ahli bomba
መጠፊኢ ሓዊ

tukang masak
ከሻኒ

doktor
ሓኪም

juruterbang
መራሒ ነፋሪት

tukang kebun
ሰራሕተኛ ጀርዲን

tukang kayu
ጸራቢ ዕንጸይቲ

tukang jahit
ሰፋይት

hakim
ፈራዳይ

ahli kimia
ቀማሚ

pelakon
ተዋሳኢ

pemandu bas

መራሒ አዉቶቡስ

pemandu teksi

አዉቲስታ ታክሲ

nelayan

ገፋፊ ዓሳ

wanita pencuci

ጸራጊት

kasau

ሃናጸይ ናሕሲ

pelayan

አሰላፊ

pemburu

ሃዳናይ

pelukis

ሰአላይ

bakeri

እንዳ ሕብስቲ

juruelektrik

ኤለትሪከኛ

pembangun

ሃናጺ አባይቲ

jurutera

ሃንዳሲ

penjual daging

ሰራሕተኛ እንዳ ስጋ

tukang paip

ድራብሊኮ

posmen

አማላላሲ ፖስጣ

askar

ወተሃደር

arkitek

መሃንድስ

juruwang

ተሓዝ ገንዘብ

kedai bunga

ሰራሕተኛ ዕምባባ

pendandan rambut

ቀምቃማይ

konduktor

ፈተሪኖ

mekanik

መካኒክ

kapten

መራሒ መርከብ

doktor gigi

ሓኪም ስኒ

ahli sains

ተመራማሪ

tuhanku

ራቢ

imam

ኢማም

sami

ፈላሲ

paderi

ቀሺ

alat

ናውቲ

tukul
ሞደሻ
playar
ጉጤት
pemutar skru
ዘዋር መስኒ
sepana
መፋትሕ
obor
ላምፓዲና

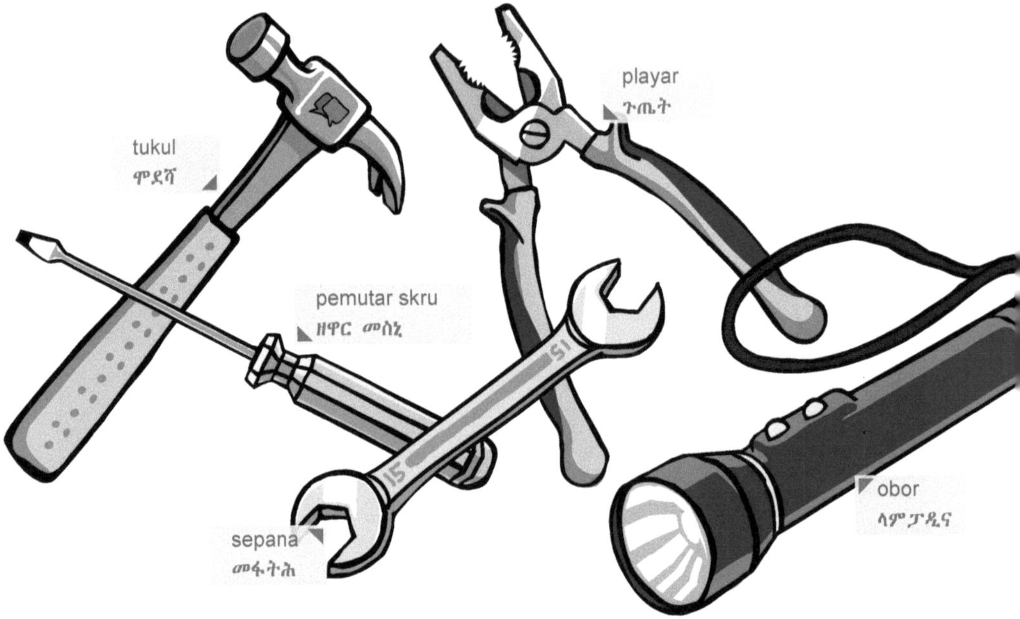

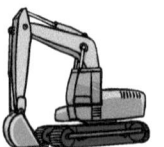

pengorek

ፈሓሪ

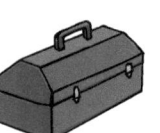

kotak peralatan

ናውቲ ቦክስ

tangga

መደያይቦ

gergaji

መጋዝ

kuku

መስማር

gerudi

ኰዓቲ

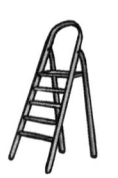

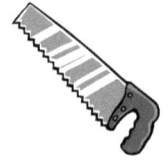

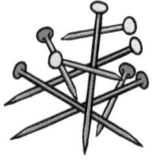

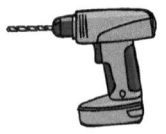

baiki

ምዕራይ

penyodok

ባደላ

Celaka!

ኣይ!

penadah sampah

መትሓዚ ዶሮና

periuk cat

ድስቲ ቀለም

skru

ካቻቢተ

alat muzik

መሳርሒ ሙዚቃ

pembesar suara
እስፒከር

perangkat dram
ከበሮታት

gitar
ጊታር

bass berganda
ረጒድ ዓባይ ጊታር

trompet
ትሮምፐት

piano	biola	bass
ፒያኖ	ቫዮሊን	ባስ ጊታር

timpani	dram	papan kekunci
ቲምፓኒ	ከበሮ	ኦርጋን

saksofon	seruling	mikrofon
ሳክሶፎን	ሻምብቆ	ሚክሮፎን

alat muzik - መሳርሒ ሙዚቃ

harimau
ነብር

pintu masuk
መእተዊ

sangkar
ጎብያ

zebra
አድጊ በረኻ

makanan haiwan
መግቢ እንስሳ

panda
ፓንዳ

haiwan

እንስሳታት

gajah

ሓርማዝ

kanggaru

ካንጋሩ

badak sumbu

ሓሪሽ

gorila

ጉሪላ

beruang

ድቢ

unta

ገመል

burung unta

ሰገን

singa

አንበሳ

monyet

ህበይ

flamingo

ፍላሚንጎ

nuri

ሕንጻይ

beruang kutub

ድቢ በረድ

penguin

ፐንጉን

yu

ከልቢ ዓሳ

merak

ጣውስ

ular

ተመን

buaya

ሓርጐጽ

penjaga zoo

ሓላዊ ቤት ገርድሽ

anjing laut

ዓሳ ዚምገብ እንስሳ ባሕሪ

jaguar

ጃጓር

kuda

ሓጹር ፈረስ

harimau

ነብሪ

badak air

ጉማሬ

zirafah

ጂራፍ

helang

ሲላ

babi jantan

መፍለስ

ikan

ዓሳ

penyu

ጎብየ

anjing laut

ዋልሩስ

musang

ወኻርያ

rusa

ሰስሓ

bola sepak Amerika
ናይ አሜሪካ ኩዕሶ እግሪ

berbasikal
ምዝዋር ብሽግለታ

tenis
ተኒስ

bola keranjang
ባስከትባል

renang
ም ሕምባስ

tinju
ቦክሲንግ

hoki ais
ሆኪ በረድ

bola sepak
ኩዕሶ እግሪ

badminton
ባድሚንቶን

olahraga
እስፖርታዊ ንጥፈታት

bola baling
ኩዕሶ ኢድ

ski
ስኪ

polo
ፖሎ

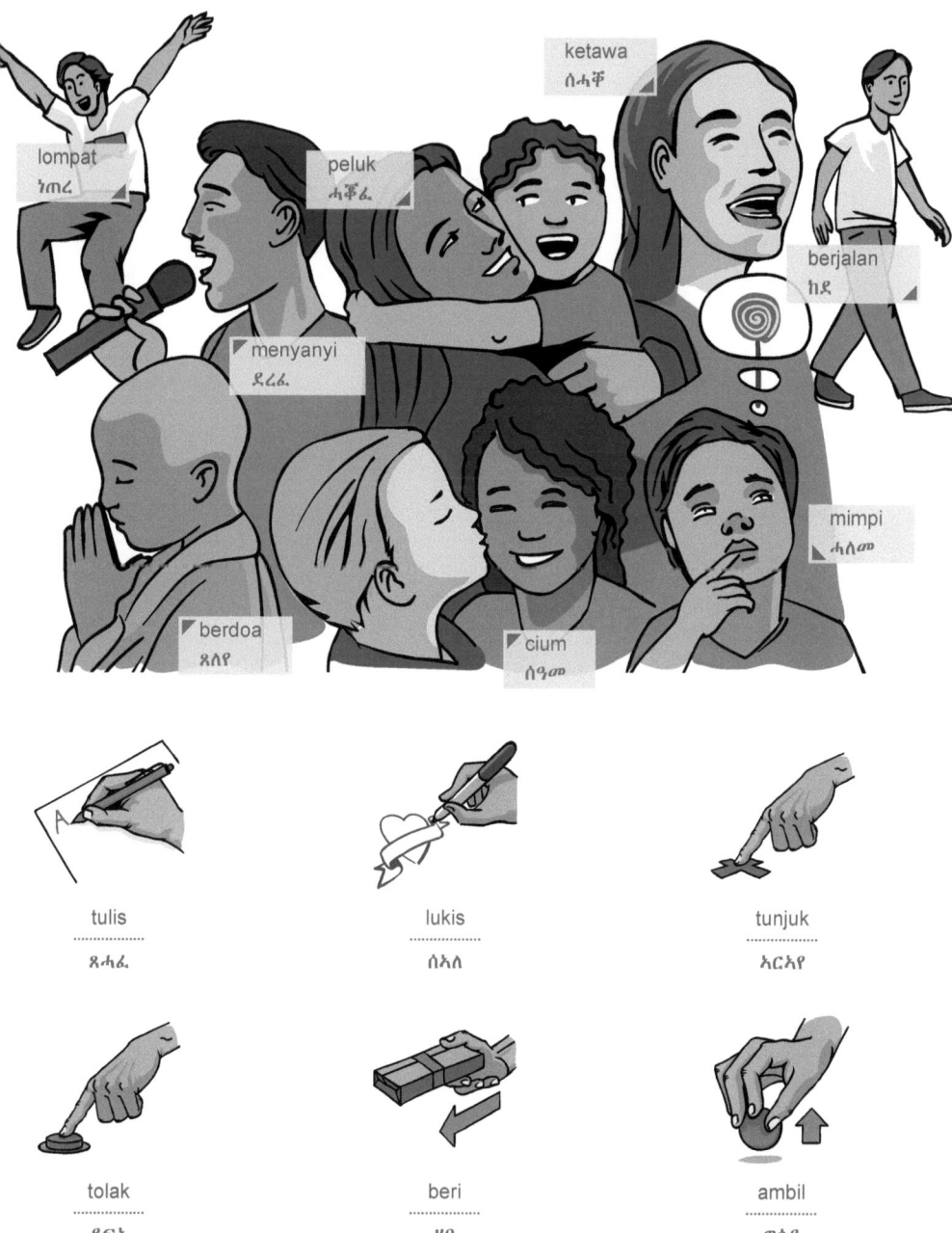

lompat
ነጠረ

ketawa
ሰሐቐ

peluk
ሓቖፈ

menyanyi
ደረፈ

berjalan
ከደ

mimpi
ሓለመ

berdoa
ጸለየ

cium
ሰዓመ

tulis
ጸሓፈ

lukis
ሰኣለ

tunjuk
አርአየ

tolak
ደፍአ

beri
ሃበ

ambil
ወሰደ

ada

አለወ

buat

ገበረ

ialah

ኮነ

berdiri

ጠጠው በለ

lari

ጎየየ

tarik

ሰሓበ

buang

ሰንደወ

jatuh

ወደቐ

tipu

ሓሰወ

tunggu

ተጸበየ

bawa

ሰከመ

duduk

ኮፍ በለ

pakai

ተኸድነ

tidur

ደቀሰ

bangkit

ተስአ

lihat pada

ረአየ

menangis

በከየ

strok

ብኣጽብዑ ደረዘ

sikat

መሾጠ

cakap

ተዛረበ

faham

ተረድአ

tanya

ሓተተ

dengar

ሰምዐ

minum

ሰተየ

makan

በልዐ

mengemas

አቐመጠ

sayang

አፍቀረ

masak

ከሸነ

pandu

ዘወረ

terbang

ነፈረ

aktiviti - ንጥፈታት 65

belayar

ብመርከብ ገየሽ

kira

ደመረ

baca

አንበበ

belajar

ተመሃረ

kerja

ሰርሐ

nikah

መርዓወ

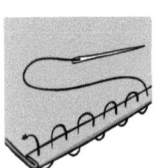

jahit

ሰፈየ

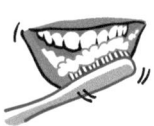

memberus gigi

ጽሬት አስናን

bunuh

ቀተለ

asap

ሽጋራ ተከኸ

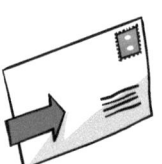

hantar

ሰደደ

nenek
ዓባየ

datuk
አቦሓጎ

bapa
አቦ

ibu
አደ

bayi
ማማይ

anak perempuan
ጓል

anak lelaki
ወዲ

tetamu
ጋሻ

mak cik
ሓትኖ

pak cik
አኮ

abang
ሓው

kakak
ሓፍቲ

badan

ኣካላት

dahi
ግንባር
mata
ዓይኒ
bahu
መንኩብ
jari
ኣጻብዕ
muka
ገጽ
dagu
መንከስ
tangan
ኢድ
kaki
ሽፋን እግሪ
dada
ኣፍ-ልቢ
lengan
ምናት

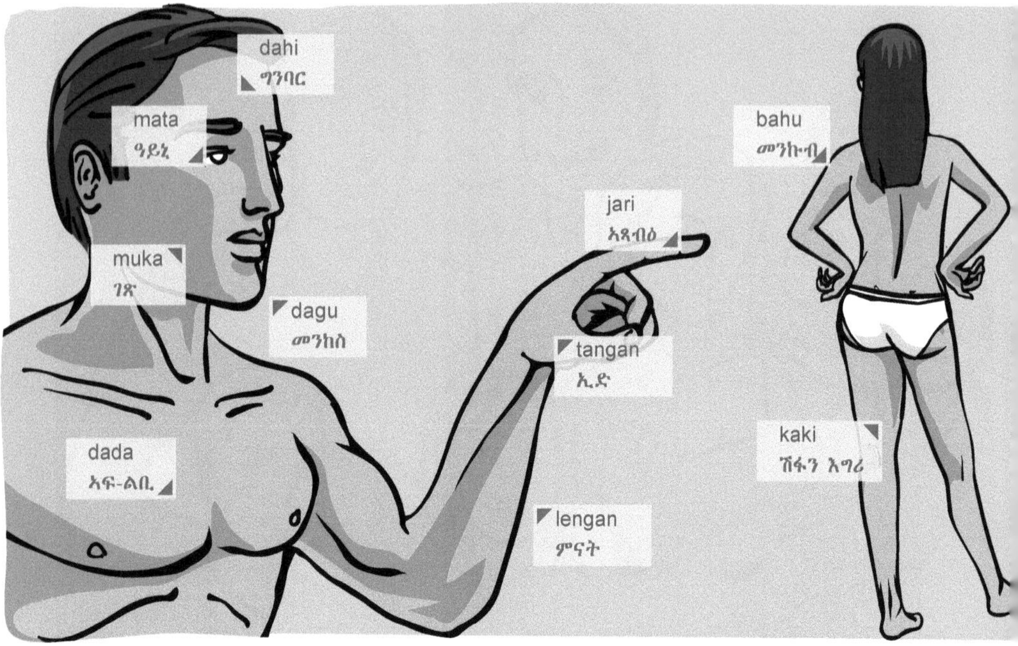

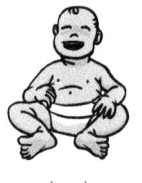

bayi

ማማይ

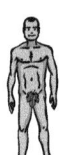

lelaki

ሰብኣይ

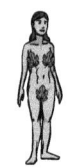

wanita

ሰበይቲ

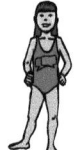

perempuan

ጓል

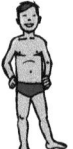

lelaki

ወዲ

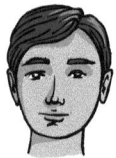

kepala

ርእሲ

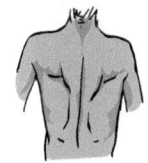

belakang

ሕቖ

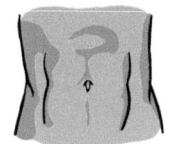

bawah perut

ከስዐ

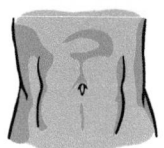

pusat

ሕምብርቲ

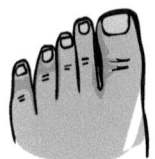

jari kaki

ኣጻብዕ እግሪ

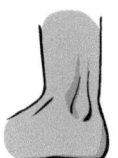

tumit

ኩርኵረ

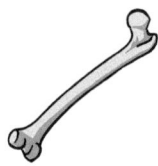

tulang

ዓጽሚ

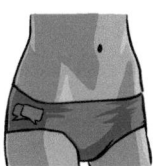

pinggul

ምሕኾልቲ

lutut

ብርኪ

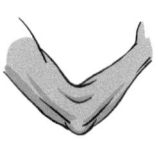

siku

ፍግፍጐ

hidung

ኣፍንጫ

bawah

መዓኮር

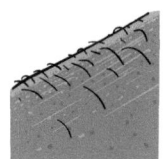

kulit

ቆርበት

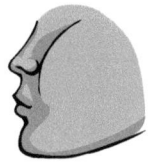

pipi

ምዕጉርቲ

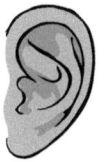

telinga

እዝኒ

bibir

ከንፈር

mulut

አፍ

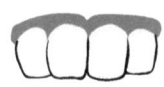

gigi

ስኒ

lidah

መልሓስ

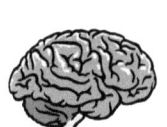

otak

ሓንጎል

hati

ልቢ

otot

ጭዋዳ

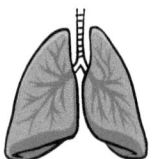

paru-paru

ሳንቡእ

hati

ጸላም ከብዲ

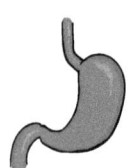

perut

ከብዲ

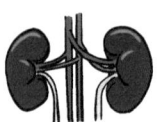

buah pinggang

ኩሊት

seks

ግብረ ስጋ

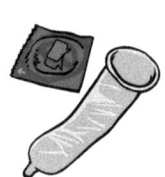

kondom

ኮንዶም

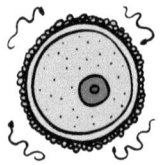

faraj

እንቋቍሓ

mani

ዘርኢ ተባዕታይ

mengandung

ጥንሲ

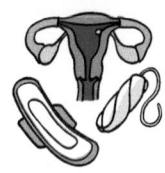

haid

ጽግያት

faraj

ርሕሚ

penis

መትሎ

kening

ሽፋሽፍቲ

rambut

ጸግሪ

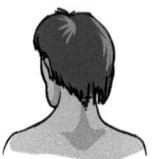

leher

ክሳድ

hospital

ሆስፒታል

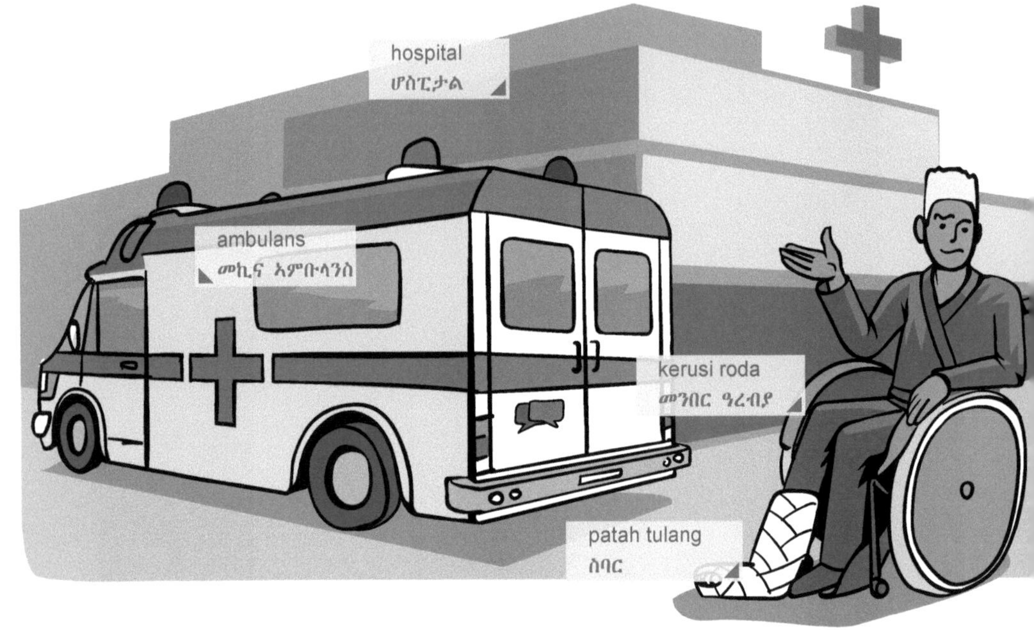

hospital
ሆስፒታል
ambulans
መኪና ኣምቡላንስ
kerusi roda
መንበር ዓረብያ
patah tulang
ስባር

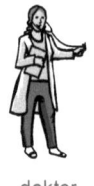

doktor

ሓኪም

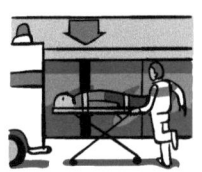

bilik kecemasan

ክፍሊ ህጹጽ ረድኤት

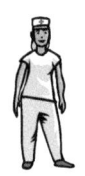

jururawat

ኣላይት

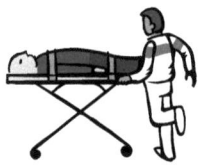

kecemasan

ህጹጽ ኩነት

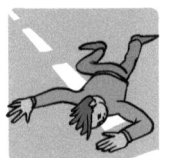

tak sedar

ውነኡ ዘጥፍአ

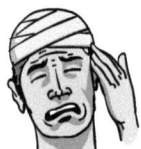

sakit

ቃንዛ

kecederaan

ጉድኣት

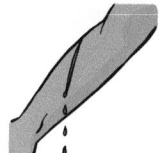

pendarahan

ደም

serangan jantung

ማህረምቲ

strok

ማህረምቲ

alergi

ኣለርጂ

batuk

ሰዓል

demam

ረስኒ

selesema

ኡንፍልወንዛ

cirit-birit

ውጽኣት

sakit kepala

ቃንዛ ርእሲ

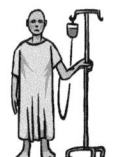

kanser

መንሽሮ

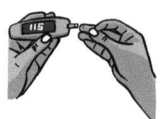

diabetes

ሹኮርያ

pakar bedah

ሓኪም መጥባሕቲ

pisau bedah

መጥብሒ

pembedahan

መጥባሕቲ

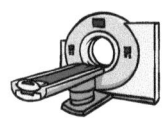

CT

CT

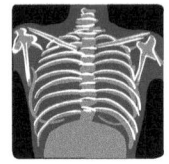

x-ray

ራዲ

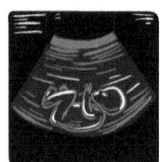

ultrabunyi

ልዕለ ድምጻዊ

topeng muka

መሸፈኒ ገጽ

penyakit

ሕማም

bilik menunggu

ክፍሊ ምጽባይ

penongkat

ምርኩስ

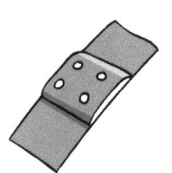

plaster

መጆነኒ ቔስሊ

pembalut

መጆነኒ

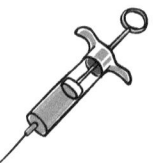

suntikan

መርፍዕ ምውጋእ

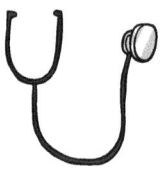

stetoskop

ስተቶስኮፕ

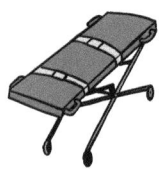

pengusung

መሰከሚ ሕማም

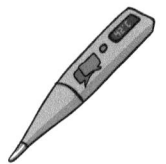

termometer klinik

ቴርሞመተር

. kelahiran

ትውልዲ

berat badan berlebihan

ልዕለ-ሚዛን

alat pendengaran

ሓገዝ ምስማዕ

disinfektan

ኣንጻሒ

jangkitan

ልበዳ

virus

ቫይረስ

HIV / AIDS

ኤድስ

perubatan

ሕክምና

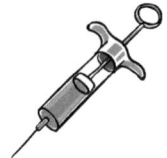

vaksinasi

ክታበ

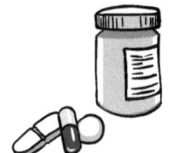

tablet

ከኒና

pil

ከኒና

panggilan kecemasan

ህጹጽ ምድዋል

pantau tekanan darah

መዕቀኒ ጸቕጢ ደም

sakit / sihat

ሕሙም / ጥዑይ

Tolong!

ሓገዝ

penggera

ኣላርም

serang

ምህጃም

serangan

መጥቃዕቲ

bahaya

ድንገት

pintu kecemasan

ህጹጽ መውጽኢ

Api!

ሓዊ!

alat pemadam api

መጥፍኢ ሓዊ

kemalangan

ሓደጋ

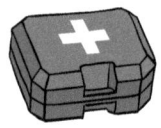

alat pertolongan cemas

ሳንጣ ቀዳማይ ረድኤት

SOS

SOS

polis

ፖሊስ

Eropah

ኤውሮጳ

Amerika Utara

ሰሜን አመሪካ

Amerika Selatan

ደቡብ አመሪካ

Afrika

አፍሪቃ

Asia

ኤስያ

Australia

አውስትራልያ

Atlantic

አትላንቲክ

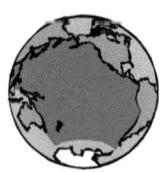

Pasifik

ፓሲፊክ

Lautan Hindi

ህንዳዊ ዉቅያኖስ

Lautan Antartik

አንታርቲካዊ ዉቅያኖስ

Lautan Artik

አርክቲካዊ ዉቅያኖስ

Kutub utara

ሰሜናዊ ዋልታ

Kutub Selatan

ደቡባዊ ዋልታ

Antartika

አንታርቲካ

bumi

ምድሪ

tanah

መሬት

laut

ባሕሪ

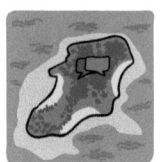

pulau

ደሴት

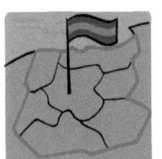

negara

ሃገር

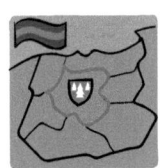

negeri

ዓዲ

muka jam

ገጽ ሰዓት

tangan jam

አመልካቲ ሰዓታት

tangan minit

አመልካቲ ደቓይቕ

terpakai

አመልካቲ ካልኢት

Jam berapa sekarang

ሰዓት ክንደይ አሎ?

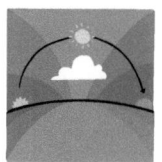

hari

መዓልቲ

masa

ግዜ

sekarang

ሕጂ

jam digital

ዲጊታል ሰዓት

minit

ደቒቕ

jam

ሰዓት

minggu

ሰሙን

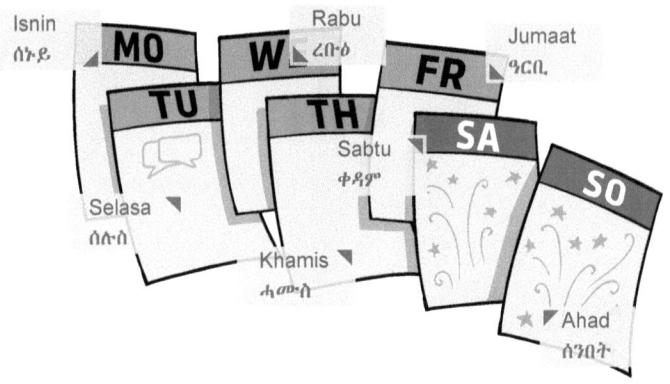

Isnin
ሰኑይ

MO

Rabu
ረቡዕ

W

Jumaat
ዓርቢ

FR

TU

TH

SA

Sabtu
ቀዳም

Selasa
ሰሉስ

Khamis
ሓሙስ

SO

Ahad
ሰንበት

semalam

ትማሊ

hari ini

ሎሚ

esok

ጽባሕ

pagi

ንግሆ

tengah hari

ቀትሪ

petang

ምሸት

MO	TU	WE	TH	FR	SA	SU
1	2	3	4	5	6	7
8	9	10	11	12	13	14
15	16	17	18	19	20	21
22	23	24	25	26	27	28
29	30	31	1	2	3	4

hari kerja

መዓልታት ስራሕ

MO	TU	WE	TH	FR	SA	SU
1	2	3	4	5	6	7
8	9	10	11	12	13	14
15	16	17	18	19	20	21
22	23	24	25	26	27	28
29	30	31	1	2	3	4

hari minggu

መወዳእታ ሰሙን

tahun

ዓመት

hujan
ዝናብ
pelangi
ቀስተ-ደመና
angin
ንፋስ
salji
በረድ
musim bunga
ጽድያ
musim panas
ሓጋይ
musim luruh
ቀውዒ
musim salji
ክረምቲ

4.APRIL 11°
5.APRIL 4°
6.APRIL 13°
7.APRIL 8°
8.APRIL 10°

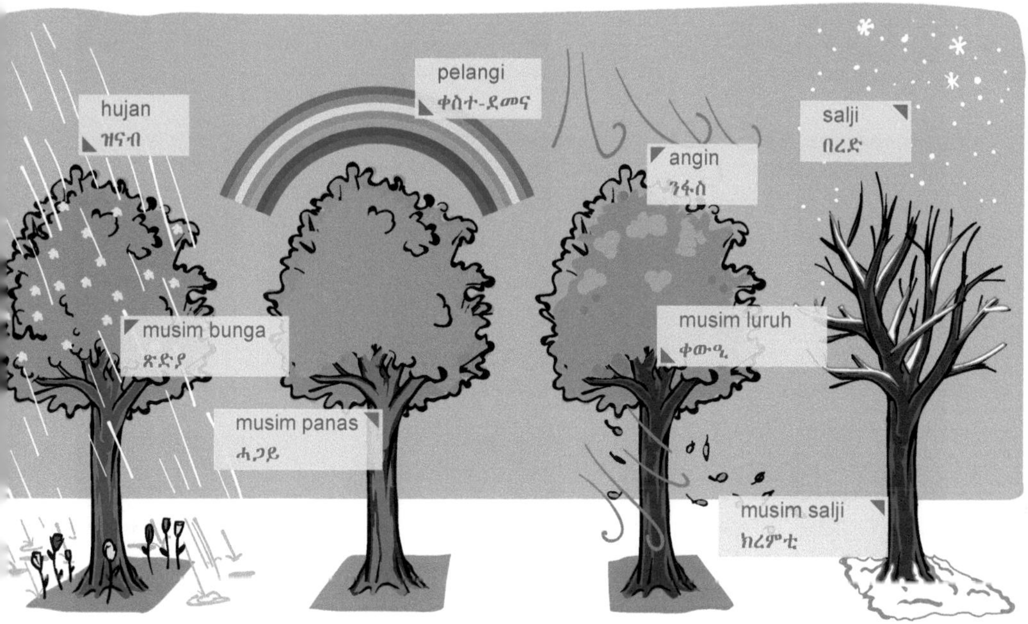

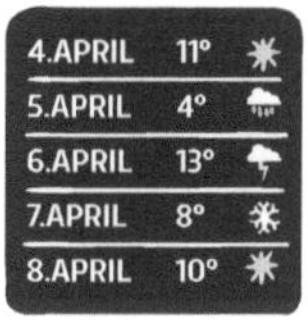

ramalan cuaca

ትንቢት ኩነታት ኣየር

F C
120 90 60 30 0 -30
40 30 20 10 0 -10 -20

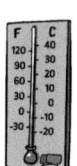

termometer

ቴርሞመተር

sinar matahari

ብርሃን ጸሓይ

awan

ደበና

kabus

ግመ

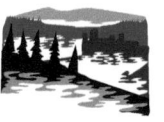

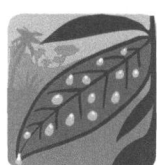

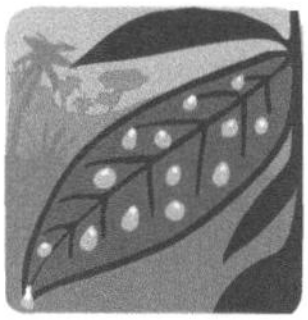

lembapan

ጠሊ

kilat

ብርቂ

petir

ነጉዳ

ribut

ህቦብላ

hujan batu

በረድ

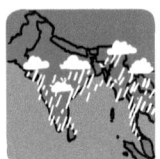

monsun

ብርቱዕ ህቦብላ

banjir

ውሕጅ

ais

በረድ

Januari

ጥሪ

Februari

ለካቲት

Mac

መጋቢት

April

ሚያዝያ

Mei

ጉንበት

Jun

ሰነ

Julai

ሓምለ

Ogos

ነሓሰ

tahun - ዓመት

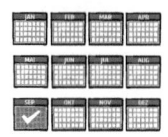

September

መስከረም

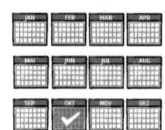

Oktober

ጥቅምቲ

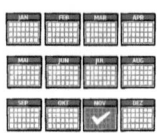

November

ሕዳር

Disember

ታሕሳስ

---

bentuk

ቅርጽታት

bulatan

ዙርያ

petak

ትርብዒት

segi empat tepat

ቅኑዕ ርቡዕ ኲርናዕ

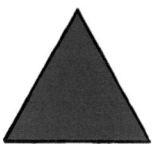

segitiga

ስሉስ ኲርናዕ

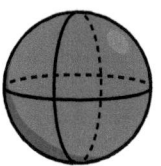

sfera

ክቢ

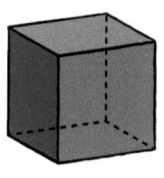

kiub

ኩቦ

putih

ጸዕዳ

kuning

ብጫ

oren

አራንሺ

merah jambu

ፒንክ

merah

ቀይሕ

ungu

ጆኸ

biru

ሰማያዊ

hijau

ቀጠልያ

coklat

ቡናዊ

kelabu

ሓሙኽሽታይ

hitam

ጸሊም

banyak / sedikit

ብዙሕ / ውሑድ

marah / tenang

ሕሩቕ / ሰላማዊ

cantik / hodoh

ጽቡቕ / ክፉእ

bermula / tamat

መጀመርያ / መወዳእታ

besar kecil

ዓቢ / ንእሽቶ

terang / gelap

ብሩህ / ጸልማት

abang / kakak

ሓው / ሓፍት

bersih / kotor

ጽሩይ / ርሳሕ

lengkap / tidak lengkap

ምሉእ / ዘይምሉእ

hari / malam

መዓልቲ / ለይቲ

mati / hidup

ሙዉት / ህልው

luas / sempit

ሰፊሕ / ጸቢብ

boleh dimakan / tidak boleh dimakan

ደስ ዘበል / ደስ ዘይብል

jahat / baik

እኩይ / ህያዋይ

teruja / bosan

ርቡጽ / ስልኩይ

gemuk / kurus

ረጊድ / ቀጢን

pertama / terakhir

ቀዳማይ / ናይ መወዳእታ

kawan / musuh

ዓርኪ / ጸላኢ.

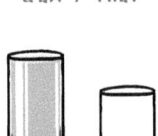

penuh / kosong

ምሉእ / ባዶ

keras / lembut

ተሪር / ልስሉስ

berat / ringan

ከቢድ / ፈኩስ

lapar / dahaga

ጥምየት / ጽምየት

sakit / sihat

ሕሙም / ጥዑይ

menyalahi undang-undang / undang-undang

ዘይሕጋዊ / ሕጋዊ

pintar / bodoh

መስተውዓሊ / ስዲ

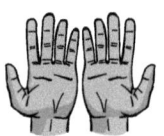

kiri / kanan

ጸጋም / የማን

dekat / jauh

ቐረባ / ርሑቕ

baru / lama

ሓዲሽ / ብሉይ

tiada / sesuatu

ዋላ ሓደ / ገለ

tua / muda

ዓቢ/ኣረጊት / መንእሰይ

hidup / mati

ወልዕ / ኣጥፍእ

terbuka / tertutup

ክፉት / ዕጹው

diam / bising

ህዱእ / ዓው

kaya / miskin

ሃብታም / ድኻ

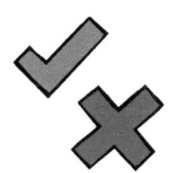

betul / salah

ቅኑዕ / ግጉይ

kasar / halus

ሓርፋፍ / ልሙጽ

sedih / gembira

ጉሁይ / ሕጉስ

pendek / panjang

ሓጺር / ነዊሕ

lambat / laju

ቀስ / ቅልጡፍ

basah / kering

ጥሉል / ንቑጽ

panas / sejuk

ምዉቕ / ዝሑል

berperang / berdamai

ውግእ / ሰላም

0

sifar

ዜሮ

1

satu

ሓደ

2

dua

ክልተ

3

tiga

ሰለስተ

4

empat

ኣርባዕተ

5

lima

ሓሙሽተ

6

enam

ሽዱሽተ

7

tujuh

ሸውዓተ

8

lapan

ሸሞንተ

9

sembilan

ትሽዓተ

10

sepuluh

ዓሰርተ

11

sebelas

ዓሰርተ ሓደ

12

dua belas

ዓሰርተ ክልተ

13

tiga belas

ዓሰርተ ሰለስተ

14

empat belas

ዓሰርተ አርባዕተ

15

lima belas

ዓሰርተ ሓሙሽተ

16

enam belas

ዓሰርተ ሽዱሽተ

17

tujuh belas

ዓሰርተ ሽውዓተ

18

lapan belas

ዓሰርተ ሽሞንተ

19

Sembilan belas

ዓሰርተ ትሽዓተ

20

dua puluh

ዕስራ

100

ratus

ሚእቲ

1.000

ribu

ሽሕ

1.000.000

juta

ሚልዮን

Bahasa Inggeris

እንግሊዝኛ

Bahasa Inggeris Amerika

አመሪካዊ እንግሊዛዊ

Bahasa Cina Mandarin

ቻይናዊ ማንዳሪን

Bahasa Hindi

ሂንዳዊ

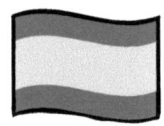

Bahasa Sepanyol

እስጳኛዊ

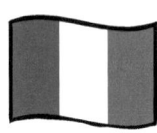

Bahasa Perancis

ፈረንሳዊ

Bahasa Arab

ዓረባዊ

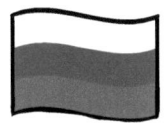

Bahasa Rusia

ሩሲያዊ

Bahasa Portugis

ፖርቱጋላዊ

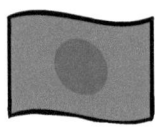

Bahasa Benggali

በንጋሊ

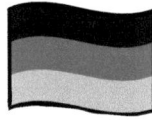

Bahasa Jerman

ጀርመናዊ

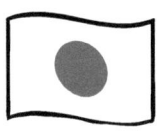

Bahasa Jepun

ጃፓናዊ

saya

አነ

anda

ንስኻ/ኺ

dia / dia / ia

ንሱ / ንሳ / ንሱ

kita

ንሕና

anda

ንስኻ

mereka

ንሳቶም

siapa?

መን?

apa?

እንታይ?

bagaimana?

ከመይ?

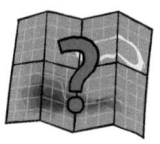

di mana?

አበይ?

bila?

መዓስ?

nama

ሽም

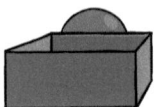

belakang

ድሕሪ

dalam

አብ

di hadapan

አብ ቅድሚ

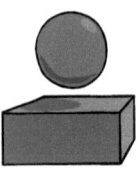

lebih

አብ ላዕሊ

pada

አብ ልዕሊ

di bawah

ትሕቲ ምድሪ

bersebelahan

አብ ጥቓ

antara

አብ መንጎ

tempat

ቦታ